Das

pactum reservati dominii.

(Der Eigenthumsvorbehalt.)

Von

Emil Thorsch.

Straßburg.
Verlag von Karl J. Trübner.
1875.

Der Verfasser dieser Abhandlung ist im verflossenen Winter in Wien vor Vollendung seiner Universitätsstudien gestorben. Sie wurde unter dem niederdrückenden Einfluß einer unheilbaren Krankheit geschrieben und mag die Spuren davon und zugleich von der Jugendlichkeit des Verfassers an sich tragen. Gleichwohl wird sie das Talent desselben, das zu schönen Hoffnungen berechtigte, erkennen lassen. Der Unterzeichnete hat den Druck des Schriftchens veranlaßt in der Meinung, daß es einen schätzbaren Beitrag zu einer controversen Lehre enthalte, und in der Absicht, dadurch den Angehörigen und Freunden des Verstorbenen gegenüber seine Anhänglichkeit an die geistreiche und liebenswürdige Persönlichkeit desselben zum Ausdruck zu bringen.

Straßburg, im August 1875.

Dr. **Adolf Merkel.**

I. Einleitung.

Das pactum reservati dominii erregt Interesse durch die Hartnäckigkeit, mit welcher es sich in der Literatur des gemeinen Rechts bisher als ungelöstes Räthsel zu erhalten wußte; nicht nur Einzelnheiten desselben sind controvers, sondern selbst dasjenige, was bei anderen Rechtsverhältnissen die sichere Grundlage der Controverse zu bilden pflegt, der Inhalt im Großen und Ganzen, unterliegt bei diesem pactum durchaus entgegengesetzten Auslegungen. Während der letzten fünfzig Jahre wurde durch mehrere Abhandlungen die Aufmerksamkeit auf dasselbe hingelenkt, ohne daß es einer der vielen aufgestellten Ansichten gelungen wäre, sich vor gegründeten Einwendungen zu schützen, und es ist bei dem heutigen Stande dieser Lehre nicht zuviel behauptet, daß sich auf den ersten Anblick kaum ein fester Punkt darbietet, an den man seinen Hebel setzen könnte. Die vielen und unauflöslichen Meinungsverschiedenheiten dürften ihren Ursprung dem Umstande zu verdanken haben, daß auf der Basis, auf welcher unser pactum besprochen zu werden pflegt, eine Einigung nicht wohl möglich ist, weil diese Basis selbst schwankend, oder, richtiger ausgedrückt, wie wir zu zeigen versuchen wollen, ganz imaginär ist. Sie besteht nämlich aus vier Grundsätzen, die sich mit einzelnen Abweichungen fast ohne jede Kritik überlieferungsweise fortgeerbt haben.

Diese Sätze sind:

1. Daß das p. r. d. dem römischen Rechte wie seinem Namen so der Sache nach unbekannt sei,

2. daß es bei allen Verträgen Anwendung finden könne, die zur Eigenthumstradition führen,

3. daß es immer eine Bedingung im eigentlichen Sinn — im Gegensatz zur conditio juris — enthalte, und

4. daß ein Kauf mit dem p. r. d. ein Kauf auf Credit sei.

Was den ersten Punkt betrifft, so werden zwar in älteren Besprechungen des pactum, wie z. B. in Glück's Commentar[1] Belegstellen für dasselbe aus dem corpus juris citirt, allein da die allgemein geltenden und auch von Glück anerkannten übrigen drei Grundsätze sich mit diesen Stellen nicht vertragen, so warf man die letzteren kurzweg wieder über Bord.

Der zweitgenannte Punkt ist unseres Wissens bisher niemals bestritten worden; nur Goeschen[2] beschränkt das pactum in seiner Definition ohne Angabe eines Grundes auf den Kauf.

Der dritte Satz umfaßt so ziemlich alle Streitfragen, mit denen sich die neuere Literatur über das p. r. d. befaßte, ist aber in seiner allgemeinen Fassung am wenigsten bezweifelt worden, obwohl Geyso bemerkt, daß zum Wesen des p. r. d. eine Bedingung nicht gehöre[3]; doch sind seine Ausführungen über dasselbe principlos und daher unwirksam geblieben.

Der vierte Grundsatz endlich herrscht so allgemein, daß Müller[4], welcher den Widerspruch zwischen demselben und

---

[1] Glück's Commentar XVI, 229 ff.

[2] Goeschen Vorles. II. § 277 a. E.

[3] Geyso, Ztschr. f. Civ. und Proc. V. Bd. Abh. XI, S. 173. In der älteren Literatur findet sich diese Ansicht häufiger vertreten.

[4] Müller Arch. f. civ. Prax. XII. Bd. Abh. XII., und seine civilistischen Abhandl. I.

der früheren Theorie entdeckte, lieber eine noch weniger haltbare neue aufstellte, als daß er jenen Grundsatz verworfen hätte. Was er Richtiges ausführt, wurde in Folge dessen überhört, und die neuesten Besprechungen von Vangerow[5] und Sintenis[6] kehren auf den Standpunkt all' jener vier Sätze zurück.

Obgleich das p. r. d. in der Praxis schwerlich noch eine bedeutende Rolle spielen wird, da die Particularrechte hiezu wenig Raum bieten, indem sie die loseren Eigenthumsgrundsätze des deutschen Rechts bei beweglichen Sachen und den grundbuchlichen Erwerb bei unbeweglichen Sachen sich angeeignet haben, so darf doch die Wissenschaft des gemeinen Rechts sich nicht mit Gebilden schleppen, welche ihrem Organismus fremd sind. Eine Kritik der Grundlagen unseres pactum dürfte schon darum die Mühe lohnen, weil sie zeigt, warum man eigentlich ihm gegenüber von der gewohnten Schärfe abging, und mit der Logik Compromisse schloß, welche an und für sich nur nachtheilig sein können. Es sei hier der Versuch gemacht, das p. r. d. vorwiegend nach jenen Richtungen zu prüfen, die bisher nicht eingehender verfolgt worden sind, und zwar soll dabei demjenigen, was man vielfach als vermuthliche „Absicht der Parteien" oder als sogenannten „Zweck des Rechtsgeschäfts" über die Maßen berücksichtigen zu müssen glaubt, kein weiterer Spielraum gestattet werden, als sich mit anerkannten Rechtsprincipien verträgt.

Da im Folgenden die Nachweisungen aus der reichhaltigen Literatur über unser Thema auf das nothwendigste beschränkt werden sollen, so verweisen wir auf die literarischen Angaben bei Glück für die älteren Schriften, ferner besonders auf Duncker[7] und Sintenis.

---

[5] Vangerow, Pand. I. § 311, Anm. 2.
[6] Sintenis, prakt. Civilr. I. § 49, Note 21.
[7] Duncker, Rhein. Mus. V. Bd., Abh. 4 und 7.

II. Anwendungsgebiet des p. r. d.

Allgemein wird das p. r. d. als Nebenvertrag in der Lehre von der Tradition behandelt; diese Stelle im System entspricht auch der allgemeinen Fassung seines Namens, fraglich ist nur, ob diesem Namen eine haltbare Bedeutung entspricht. Allerdings kann ein Vorbehalt des Eigenthums nur dort gedacht werden, wo es sich um ein Rechtsgeschäft handelt, das zur Eigenthumstradition zu führen bestimmt ist; allein ist er darum schon bei allen solchen Geschäften denkbar? Zur Uebertragung des Eigenthums führen unentgeltliche und entgeltliche Verträge; die ersteren sind Schenkung und Bestellung einer dos; die letzteren sind der Kauf einer Sache, sowie die ihm nahestehenden Innominatcontracte, wie der Tausch und die Veräußerung einer Sache gegen Einräumung eines persönlichen oder dinglichen Rechts. Wir werden im Folgenden der Kürze wegen für jene Gruppe immer nur die Schenkung, für diese den Kauf anführen.

Sintenis findet einen wesentlichen Unterschied in der Natur des p. r. d. beim Kaufe und bei der Schenkung; ja er sieht sogar in der Verkennung desselben den Grund aller Meinungsverschiedenheit über jenen Nebenvertrag[8]. Wir möchten diesem Unterschiede eine viel weitergehende Bedeutung beimessen. Während nach seiner Ansicht die Differenz darin gelegen ist, daß sich das pactum beim Kaufe anders qualificire als bei der Schenkung, so glauben wir, daß überhaupt nur der Kauf und nicht die Schenkung die Voraussetzungen für dasselbe bietet.

Schwerlich dürfte Sintenis' Behauptung mit Grund angefochten werden, daß in dem Vorbehalte des Eigenthums bei der Schenkung dem Sinne wie den Worten nach nur eine reine Suspensivbedingung gefunden werden könne;

---

[8] Aehnlich Müller, Arch. f. civ. Prax. XII, Abh. 13, § 1.

müssen wir uns dann nicht fragen, worin besteht der Unterschied zwischen einer Schenkung mit Vorbehalt und der aufschiebend bedingten Schenkung überhaupt? Bei jeder suspensiv bedingten Schenkung, durch welche Eigenthum übertragen werden soll, behält der Schenker sich dasselbe so lange vor, bis entschieden ist, ob er in concreto wirklich schenken wollte oder nicht, d. h. bis zum Eintritte des bezüglichen postfactum; das liegt im Begriffe der Bedingung; allein auch umgekehrt läßt sich sagen, daß sich jeder denkbare Fall eines sogenannten Eigenthumsvorbehaltes bei der Schenkung in derselben Weise immer als eine einfache reine Bedingung charakterisirt; selbst das wäre eine Bedingung, wenn der Schenker sich das Eigenthum nur bis zur Erfüllung eines modus vorbehalten würde, und zwar wäre dieser angebliche modus eine nur ungenau ausgedrückte, so zu sagen verkappte Potestativbedingung, da es doch immer nur auf das Belieben des Beschenkten ankommen kann, entweder die Auflage zu erfüllen und den Eigenthumsübergang zu erwirken, oder beide gemeinsam fallen zu lassen. Nun ist es offenbar, daß das p. r. d.; wenn es nicht mehr bedeuten sollte als den Zustand eines bedingten Vertrags, nur ein neuer, überflüssiger und unpassender Ausdruck dafür wäre, — unpassend, weil der Vorbehalt des Eigenthums hier nur eine Folge oder richtiger nur eine Seite des bedingten Vertragsbestandes ist, ferner, weil man sich streng genommen nichts vorbehalten kann, so lange die Verpflichtung selbst noch fraglich ist, und endlich, weil die Bedingung ein ganz wesentliches Stück des Hauptvertrages ausmacht, nicht aber den Gegenstand eines demselben angehängten Nebenvertrages bilden kann. Bei der Schenkung hat demnach das p. r. d. gar keinen ihm eigenthümlichen Inhalt. Ganz derselben Täuschung über die Denkbarkeit eines besonderen Eigenthumsvorbehaltes würde man sich dann hingeben, wollte man in der Lehre vom Kaufe mit Puchta[9]

[9] Puchta, Vorles. 2. Aufl. § 148, S. 296.

annehmen, daß beim p. r. d. die Bedingung ja nicht blos die Zahlung des Preises, sondern auch eine andere sein könne.“ Allein jeder Versuch, diesen Satz an Beispielen zu erhärten, lehrt sofort, daß der Eigenthumsvorbehalt sich nur unter der Voraussetzung construiren läßt, daß das Ereigniß, von dessen Eintritt der Uebergang des Eigenthums am Kaufobjecte abhängig gemacht wurde, in der Zahlung des Preises, oder, was die Sache besser bezeichnet, in der Leistung des Entgeltes besteht, während in allen anderen Fällen das pactum wieder nichts als einen ganz gewöhnlichen, bedingten Kauf bezeichnen würde, und jeder selbständigen juristischen Merkmale baar wäre.

In der That scheinen die meisten Schriftsteller nur die Zahlung und nicht etwa eine andere beliebig bestimmbare Thatsache als die Bedingung beim Eigenthumsvorbehalte anzusehen; denn sie erklären einen Kauf mit p. r. d. für ein Creditgeschäft; allein hierdurch erkennen sie in gewissem Grade selbst an, daß der Vorbehalt des Eigenthums nur gegenüber einer geschuldeten Gegenleistung bedeutsam sei, woraus sich folgerichtig hätte ergeben müssen, daß er bei der Schenkung keine Anwendung finde. Sonach ist das p. r. d. principiell auf die Verabredung beim Kaufe zu beschränken, daß sich der Verkäufer das Eigenthum des Kaufobjectes bis zur völligen Zahlung des Preises vorbehalte.

Zugleich würde nach dieser Begriffsbestimmung das pactum seine Stelle im Systeme nicht mehr bei der Tradition im allgemeinen, sondern bei der Lehre vom Kaufe einnehmen müssen.

III. Das p. r. d. enthält keine Bedingung des Kaufvertrages.

Das Verhältniß, wie es nach der allgemeinen Auffassung bei einem Kaufe mit p. r. d. zwischen den Contrahenten begründet wird, läßt sich ungefähr folgendermaßen beschreiben: Der Kauf wird abgeschlossen, der Verkäufer gibt das Object in die Hände des Käufers, dieser zahlt etwa eine Rate des Kaufpreises sofort und gerirt sich wie ein Eigenthümer; wenn er aber den Preis in der Folge nicht vollständig entrichtet, so tritt der Verkäufer wieder ganz in das frühere Verhältniß zum Kaufobject, dessen Eigenthum er sich vorbehalten hatte. Dieser factische Sachverhalt wird nun juristisch sehr verschieden gedeutet. Man erklärt zwar durchgängig die reservatio dominici für einen Nebenvertrag, der eine Bedingung enthalte, wobei die Zahlung des Preises das Bedingende sei, allein der Streit dreht sich darum, ob der Kaufvertrag selbst oder nur die Tradition der Kaufsache das Bedingte wäre[10]. Wir befassen uns in diesem Abschnitt ausschließlich mit der Frage, ob der Kaufvertrag selbst bedingt sei, und lassen die Tradition außer Acht. Die einschlägige Literatur versteht hiebei mit geringen Ausnahmen unter Bedingung eine unmittelbare Abhängigkeit, so daß der Bestand oder Nichtbestand des Kaufgeschäftes mit dem Eintritt oder Nichteintritt der Zahlung correspondirt. Den Gegensatz zu dieser so zu sagen directen Bedingung erblicken wir in der lex commissoria beim Kaufe, bei welcher das Rechtsgeschäft nur indirecte und nicht nothwendigerweise von der rechtzeitigen Zahlung abhängt. Im

[10] Ersterer Ansicht ist z. B. Puchta, Curs. der Instit. II., § 241 (S. 677, 5. Aufl.), Sintenis, Müller, Hofmann civ. Arch. XVIII.; letzterer Ansicht z. B. Duncker a. a. O. § 5, Geyso a. a. O. S. 169, Leonhardt z. Lehre v. d. Rechtsverh. am Grundeigenthum, Abh. IV, § 5. — Weder die einen noch die andern haben ihre Ansicht irgend stichhaltig begründet.

Falle der l. comm. mag die Zahlung ausbleiben, der Kauf wird dadurch allein noch nicht aufgelöst, noch der Eigenthumsrückfall bewirkt; denn die Nichtzahlung des Preises bildet dort nur eine Bedingung für das dem Verkäufer eingeräumte Rücktrittsrecht vom Kaufe, was aus dem Digestentitel de lege comm. (18,3) deutlich hervorgeht. Erfüllt der Käufer nicht rechtzeitig seine Schuldigkeit, so verliert der Verkäufer keines seiner Rechte aus einem unbedingten Kaufe, insbesondere kann er nach Belieben auf Zahlung klagen, und hat nur überdies die Begünstigung gewonnen, daß er den Kauf für nicht geschehen erklären kann. Das Rücktrittsrecht mit der Verwirkung der etwa bereits gemachten Anzahlungen seitens des Käufers trägt deutlich den Charakter einer Strafe des säumigen Schuldners an sich. Der Kauf mit l. comm. ist also nicht schlechtweg ein bedingter, sondern ein Kauf mit bedingtem Rücktrittsrecht zu nennen. Wenn nun Jemand im p. r. d. ebenfalls ein Recht des Verkäufers sieht, im Falle der Nichtzahlung nach Belieben den Kauf für ungeschehen zu erklären, so ist schlechterdings kein stichhältiger Unterschied gegenüber der l. comm. aufzufinden, das p. r. d. wäre der Doppelgänger der l. comm., als solcher natürlich ganz überflüssig, und es wäre unbegreiflich, wie er entstanden ist; denn daß bei der l. comm. die Verabredung des Eigenthumsrückfalls, dagegen beim p. r. d. der Aufschub des Eigenthumsüberganges unter sonst gleichen Voraussetzungen und Wirkungen vermuthet werden müsse, wäre kein genügender Unterschied, und ist auch unseres Wissens von Niemandem behauptet worden, weil ja die l. comm. ihren Charakter nicht verliert, wenn auch die Parteien eine suspensive Wirkung mit ihr verbunden haben wollen (arg. l 1. D. de l. comm. 18,3). Der Unterschied aber, den Müller[11] aufstellt, daß bei der l. comm. stets eine Zahlungsfrist bestimmt

---

[11] Müller a. a. O. § 5.

sein müsse, beim p. r. d. aber nie hinzugefügt werden dürfe, ist jedenfalls, was das p. r. d. betrifft, unrichtig; im Gegentheile behauptet Leonhardt[12], „er habe unter vielen hunderten von Obligationen, in welchen ein p. r. d. sich befand, auch nicht eine einzige gefunden, in welcher nicht wegen Berichtigung des credidirten Kaufgeldes eine Zeitbestimmung getroffen wäre". Da überdies Müller seine Aufstellung auf keinerlei Art zu beweisen versucht, so fand sie auch bei Niemandem Glauben. Andererseits aber stimmen wir ihm bei, wenn er behauptet, daß bei der l. comm. die Angabe der Zahlungsfrist nothwendig ist. Nur in der Begründung weichen wir von ihm ab; denn nicht, weil die Pandecten keinen Fall der l. comm. erwähnen, in dem nicht eine Frist bestimmt wäre, ist diese nothwendig, sondern weil sie nothwendig ist, so findet sie sich überall in den Quellen vor. Wann könnte denn die in der l. comm. enthaltene Bedingung für das Rücktrittsrecht eintreten, wenn keine Frist zur Zahlung verabredet ist? — Duncker[13] meint, dieser Mangel wäre unschädlich, „da in derlei Fällen die Regel gilt, daß eine Verbindlichkeit, zu deren Erfüllung keine Frist gesetzt ist, sogleich erfüllt werden muß (l. 41 § de V. O. (45,1), daher in diesem Falle, wenn der Verkäufer zur Tradition bereit ist (?). In der Regel gestattet man aber doch, daß der Richter nach Billigkeit eine Frist setze, nach deren Ablauf erst der Käufer seine Rechte verliert (l. 31. de re jud. [42.1])".

---

[13] Duncker a. a. O. § 9; auch Geyso S. 168. Anm. 1.

[12] Leonhardt a. a. O. § 10; auch Geyso S. 168 und Duncker § 9; die Genannten wenden auch mit Recht gegen Müller ein, daß die l. comm. und sein p. r. d. eines und dasselbe wären, ohne aber bis zu der unabweislichen Folgerung vorzudringen, daß diese Identität jedem p. r. d entgegensteht, wenn es ein Rücktrittsrecht bedeuten soll. Die Erkenntniß dieses Hindernisses bildet für Hofmann civ. Arch. XVIII. § 14 den allerdings unzureichenden Grund für die willkürliche Aufstellung, daß man sich mittelst des p. r. d. kein dingliches sondern nur ein persönliches Recht vorbehalte.

Warum gestattet man denn Dies? Man fühlt eben, daß eine Bedingung nicht ebenso leicht zu ergänzen ist, wie eine gewöhnliche Frist und hält es mit Recht für durchaus unwahrscheinlich, daß der Käufer sich den Fährlichkeiten einer l. comm. habe aussetzen wollen, wenn er bereit war, jeden Augenblick zu erfüllen. Was nun aber die cit. l. 31. de re jud. betrifft, so behandelt sie überhaupt nicht den Fall der mangelnden Zahlungsfrist im Allgemeinen, sie würde ja sonst der cit. l. 41. de V. O. widerstreiten; sondern sie spricht ausdrücklich blos von bereits executionsfähigen Forderungen und ist mithin auf die l. comm. nicht anwendbar. Und wie sollte auch der Richter dazu kommen, eine Frist zu bestimmen, wenn er nicht vom Verkäufer dazu aufgefordert worden wäre, d. h. wenn dieser nicht auf Zahlung geklagt hätte? Nun steht aber dem Verkäufer nach l. 7. D. de lege comm. (18,3) eine Klage nicht zu, wenn er auf die l. comm. Anspruch machen will; er kann nur unter Verzicht auf sein Rücktrittsrecht klagen und schwebt darum in einem Dilemma, aus dem ihn nur der gute Wille des Käufers retten könnte. Aber gleichviel wie es sich bei der l. comm. verhalte, so viel ist sicher, daß genau dieselben Gründe, welche eine Zahlungsfrist bei der l. comm. erheischen oder überflüssig machen, auch für das p. r. d. gelten müßten, sobald dasselbe als ein dem Verkäufer gewährtes Recht zum Rücktritt vom Kaufe aufgefaßt wird. Ein Unterschied zwischen dem p. r. d. und der l. comm. wäre demnach absolut nicht zu denken; das p. r. d. kann also nicht als indirecte Bedingung des Kaufvertrages ausgelegt werden.

IV. Fortsetzung.

Wenden wir uns nun der Besprechung der Ansicht zu, welche im p. r. d. eine directe Bedingung des Kaufvertrages erblickt, und mithin annimmt, daß sobald nicht rechtzeitig gezahlt wird, das Eigenthum der Kaufsache wieder dem Verkäufer zustehe, und das Kaufgeschäft selbst aufgelöst sei, ohne daß der Verkäufer das Recht hätte es aufrecht zu erhalten. So deutlich ist die letztere Consequenz freilich nirgendwo ausgesprochen; die betreffenden Schriftsteller scheinen eben den Unterschied von directer und indirecter Abhängigmachung nicht bedacht zu haben. Es geht aber nicht etwa an, den Umstand, daß sich bei ihnen auch nicht eine Andeutung der indirecten Abhängigkeit findet, sondern die gebrauchten Ausdrücke in vielen Fällen nur von einer directen Bedingung gelten können, für nebensächlich zu erklären, und anzunehmen, daß sie unter Bedingung doch immer nur erstere verstanden hätten; denn abgesehen davon, daß ihnen in diesem Falle unmöglich die Identität des p. r. d. und der l. comm. hätte entgehen können, so beweisen gerade die Streitfragen, welche die Literatur über das p. r. d. beherrschen, daß man dabei nicht an ein Rücktrittsrecht dachte, oder was auf eins hinauskommt, sich keine klare Rechenschaft von demselben gab. Die viel ventilirte Frage, ob im p. r. d. der Kaufvertrag selbst oder die aus ihm gefolgte Tradition bedingt sei, hätte gar nicht entstehen können, und selbst die Controverse, ob das p. r. d. eine resolutive oder suspensive Wirkung äußere, würde eine viel bescheidenere Bedeutung erlangt haben, wenn es sich um ein Rücktrittsrecht gehandelt hätte. Es erscheint uns also nicht unnöthig auszuführen, daß und warum die Zahlung aus dem Kaufe keine directe Bedingung für den Kauf abzugeben geeignet ist. Der Kaufvertrag bildet den rechtlichen Grund für die Leistungen, zu denen er verpflichtet, und er zieht sie mit Nothwendigkeit — natürlich mit juristischer Nothwendigkeit, welche sich in der Klagbarkeit und Erzwingbarkeit äußert —, nach sich. So wenig nun irgendwo die Folge gleichzeitig eine Bedingung für ihren Grund sein kann, ebensowenig kann sie es in unserem Falle, d. h. die Zahlung kann beim p. r. d. nicht Bedingung des Kaufes sein. Diesen Grundsatz hat auch das römische Recht vollkommen anerkannt, indem es denjenigen ad absurdum führt, der das Gegentheil behauptet; denn wer annimmt, daß das pactum eine wirkliche Bedingung des Kaufes enthalte, sieht sich vor die Consequenz gestellt, daß der Verkäufer auf Zahlung des Preises niemals klagen könnte, was sich unzweifelhaft aus l. 41. D. de contr. emt. (18,1) ergibt: si vero sub conditione facta emtio est, non poterit agi ut conditio impleatur. Aus dem bedingten Geschäfte kann man nicht auf die Bedingung klagen; denn das Moment der Ungewißheit, welches jeder Bedingung bezüglich ihres Eintritts innewohnen muß, würde durch die rechtliche Verfolgbarkeit und Erzwingbarkeit der Zahlung von Seite eben dieses Verkäufers aus eben diesem Geschäfte ausgeschlossen werden. Durch die Klaglosigkeit aber wird der Verkäufer vollständig vom Belieben des Käufers abhängig; diesem steht es frei, wenn ein Termin zur Zahlung bestimmt ist, die Bedingung eintreten oder deficiren zu lassen, und wenn kein Termin gesetzt ist, so steht der Verkäufer noch hilfloser da gegenüber einer Bedingung, die weder jemals eintreten noch wegfallen muß; er kann ja ohne Klage nicht einmal die Insolvenz des Käufers herbeiführen, wenn wir schon annehmen wollten, daß diese den Eintritt resp. Wegfall der Bedingung mit sich bringen würde[14]. Und das sollte die Sicherheit sein, welche der Verkäufer mit dem Vorbehalt des Eigenthums offenbar bezweckt hat? Verzichten aber kann er auf diesen unglückseligen Vorbehalt nicht, ohne damit in die Rechte des Käufers

[14] Dieser Ansicht ist Müller, auch Leonhardt.

einzugreifen; denn dieser ist, wenn mit der Zahlung der Kauf stehen und fallen soll, zu Allem berechtigt, zu Nichts verhalten; seine Verpflichtung läßt sich präcis in die Worte fassen: ich kaufe dieses Object unter der Bedingung, daß ich es bezahlen werde. Der Verkäufer ist also dem Belieben des Käufers vollkommen unterworfen; so etwas liegt aber sicherlich weder in der Absicht der Parteien, die einen Vorbehalt des Eigenthums verabreden, noch derjenigen, welche die hier bekämpfte Ansicht aufgestellt haben [15]. Demnach kann das p. r. d. keine directe Bedingung des Kaufvertrags, weder suspensiv noch resolutiv, enthalten; von der indirecten wurde das schon früher bewiesen. Der Kaufvertrag ist also perfect und unanfechtbar.

Bevor wir diesen Abschnitt schließen, müssen wir uns nur noch gegen den Versuch sicherstellen, der Perfection des Kaufes auf Umwegen beizukommen. Dahin gehört die von Duncker aufgestellte Fiction der einverständlichen Auflösung des perfecten Kaufvertrags, wenn der Verkäufer im Falle der Nichtzahlung vindicirt. Dieser Versuch ist von Leonhardt hinlänglich widerlegt [16]. Eine zweite Ansicht geht dahin, daß von der Bedingtheit der Tradition der Kauf selbst

---

[15] Wir halten übrigens im vorliegenden Fall den Kauf gar nicht für giltig zu Stande gekommen, da er ein pactum displicentiae gegen den offenbaren Willen der Parteien statuirt. Doch geben wir gern zu, daß außer dem Fall des p. r. d. die Parteien in Folge ihrer im Privatrecht souveränen Dispositionsbefugniß giltig bestimmen können, der Kauf sei als ungeschehen zu betrachten, wenn der Preis nicht bis zu einem gewissen Zeitpunkt berichtigt sei. Obgleich diese Verabredung den Schein hervorruft, als bildete die Zahlung die directe Bedingung für den Bestand des Kaufes, so wäre es doch ein Verstoß gegen die Logik, den Fall so auszulegen; die Zahlung wirkt auch hier nur mittelbar auf den Kauf; hier liegt nämlich ein pactum displicentiae zu Gunsten des Käufers vor mit der Beschränkung, daß seine Entscheidung, er wolle den Kauf aufrecht erhalten, nur dann für den Verkäufer bindend ist, wenn sie von der Zahlung begleitet wird.

[16] S. Duncker a. a. O. § 17, dagegen Leonhardt a. O. § 10.

ergriffen und daher eventuell aufgelöst werde; hier ist übrigens nur scheinbar die Tradition, in Wirklichkeit aber der Vertrag selbst bedingt; allein es ist ein Irrthum, wenn man von der Bedingtheit der Tradition ohne Weiteres auf die Bedingtheit des Kaufvertrags zurück schließen zu können meint. Dies thut Müller[17] in folgenden Worten: „ist die Vollziehung des Kaufvertrags noch von Bedingungen abhängig gemacht, so ist dieser selbst noch nicht absolut perfect. . . . Ist die Vollziehung von einer Suspensivbedingung abhängig gemacht, dann ist es noch ungewiß, ob die Vollziehung und somit die Wirkung des Vertrages einmal eintreten wird. Soll aber das Begründete bedingt sein, so muß auch hier der Grund bedingt erscheinen." Müller verwechselt hier zwei sehr verschiedene Dinge: es geht allerdings nicht an, die rechtliche Verpflichtung zur Leistung, die Traditionspflicht selbst, von einer Bedingung abhängig zu machen, wenn der Kauf perfect ist; wohl aber kann man es von einer Bedingung abhängig machen, ob ein bestimmter Act in concreto als Leistung anzusehen sei oder nicht[18]. Wenn man die Zahlung zur Bedingung der Tradition macht, so heißt das: diese Tradition gilt nichts, wenn nicht gezahlt wird; dagegen bleibt der Vertrag aufrecht, auf Grund dessen die Contrahenten auch in Zukunft noch gegenseitig verpflichtet sein sollen, bis anderweitig eine Lösung ihres Verhältnisses

---

[17] Müller a. a. O. § 6 und Note 19.

[18] Eben dieses Mißverständniß veranlaßte Hofmann a. a. O. § 6 zur Aufstellung einer Resolutivbedingung; er glaubte nämlich, daß eine der Tradition hinzugefügte Suspensivbedingung die im perfecten Vertrage eingegangene Verbindlichkeit wieder aufheben, mithin der Natur des Kaufes zuwider sein würde. arg. l. 80. § 3 D. de contr. emt. (18,1). Dabei unterläßt er die Consequenz zu ziehen, daß wenn überhaupt die Suspensivbedingung auf Grund dieser Stelle verwerflich wäre, die Resolutivbedingung es nicht minder sein müßte, da Beide auf den Zeitpunkt des Vertragsabschlusses rückwirken, mithin bei Beiden in gleicher Weise der Fall vorgesehen und möglich ist, daß der Käufer niemals Eigenthümer werde.

eintritt. Man wird also aus der Bedingtheit der Tradition auf die Bedingtheit des Kaufes nicht schließen dürfen. Ob aber die Tradition durch das p. r. d. bedingt erscheine, und ob wir es mit einer suspensiven oder resolutiven Bedingung zu thun haben, werden wir erst dann mit gutem Grunde entscheiden können, wenn wir vorerst untersucht haben werden, ob der Kauf mit p. r. d. ein Kauf auf Credit sei.

V. Der Vorbehalt des Eigenthums schließt den Credit aus.

Wir gebrauchen im Folgenden die Bezeichnung Vorbehalt des Eigenthums im Gegensatz zum Vorbehalt des Eigenthumsrückfalls; die Wirkung des ersteren ist suspensiv, das Eigenthum geht bis zur Zahlung noch gar nicht auf den Käufer über, die Wirkung des letzteren ist resolutiv. Wir stellen nun den Satz auf, daß, wenn das p. r. d. suspensive Wirkung übt, der betreffende Kauf kein Creditkauf ist. Bisher galt das gerade Gegentheil als unumstößliche Wahrheit. Der einzige, der den Widerspruch zwischen Vorbehalt des Eigenthums und Credit erkannte, Müller, zweifelte so wenig wie die anderen an der Creditnatur des Vorbehalts, und erklärte das p. r. d. aus dem einzigen Grunde für eine Resolutivbedingung, weil sich die Suspensivbedingung, wie er wohl einsah, aber nicht allgemein überzeugend dargethan hat[19], mit dem Creditbegriff nicht verträgt. Um nun unseren Satz zu begründen, wollen wir beweisen:

1. daß der Verkäufer beim Vorbehalt des Eigenthums aus dem Kaufe vorerst noch gar nichts leistet, daß dagegen
2. die Leistung seinerseits beim Creditkauf unerläßlich ist.

ad 1. Beim p. r. d. gibt der Verkäufer das Object in der Regel sofort in die Hände des Käufers und behält sich

---

[19] Selbst Leonhardt a. a. O. § 7, gestützt auf Mühlenbruch, wendet sich gegen Müller, obwohl auch er die Resolutivbedingung vertheidigt; s. ferner Duncker a. a. O. §§ 1 und 8.

nur das Eigenthum desselben vor. Einige Schriftsteller, unter denen auch Sintenis, stellen den Grundsatz auf, daß hiemit dem Käufer alle Rechte hinsichtlich der Sache eingeräumt worden seien, welche sich mit dem Zwecke des Vorbehaltes, den Verkäufer für den Fall der Nichtzahlung zu sichern, vereinigen lassen. Indem hiemit der Zweck, den die Parteien bei Abschluß des Vertrages vor Augen hatten, zur Bestimmung der rechtlichen Structur desselben herangezogen wird, gelangt man sehr leicht zu Willkürlichkeiten; denn von jenem Gesichtspunkte aus können die Mittel zur Sicherung eines Verkäufers, die mannigfaltiger Natur sind, ohne weiteres mit einander verwechselt werden, und man könnte schließlich wieder auf die in früherer Zeit nicht unerhörte Behauptung zurückgreifen, daß der Vorbehalt des Eigenthums eigentlich einen Vorbehalt des Pfandrechts bedeute. Nicht der Zweck, dem unser pactum dient, ist maßgebend für seinen Inhalt, sondern das zu seiner Erreichung gewählte Mittel: der Vorbehalt des Eigenthums selbst. In dem feststehenden unveränderten Begriffe des Eigenthums liegt die Grenze für die mögliche Berechtigung des Käufers. — Durch den Verkauf einer Sache entäußert sich der Verkäufer all seiner Rechte an derselben und es kann nach l. 80. § 3 D. de contr. emt. (18,1) und

l. 11. § 2 D. de act. emti vend. (19,1) gar kein Zweifel obwalten, daß, wenn er Eigenthümer ist, sein Eigenthum auf Grund des Kaufes übertragen werden muß. Das Geschäft wäre kein Kauf, wenn die Absicht der Parteien auf Einräumung eines anderen Rechtes gerichtet wäre[20]. Dem=

[20] Insbesondere kann das habere licere, auf welches allein nach Geyso S. 166 der Kauf gerichtet sein soll, nur als Formel für die Haftung aber nicht für die Leistung des Verkäufers betrachtet werden und ist nur ein Surrogat für das einem Dritten gehörige Eigenthum am Kaufobjecte, ohne selbst ein Rechtsverhältniß zu sein. — Ueber Duncker's Einwendung, daß ein direct auf Uebertragung des Eigenthums gerichtetes Geschäft kein Kauf sei, vgl. Hofmann § 5.

gemäß wird die Erfüllung des Kaufes mittelst Tradition, sobald der Verkäufer Eigenthümer war, wie es beim p. r. d. vorausgesetzt wird, nur in der Eigenthumstradition liegen können. Eine Uebertragung der Sache dagegen, welche den Eigenthumsübergang direct ausschließt, ist offenbar nicht die Leistung aus dem Kaufe. Würde daher tradirt und das Eigenthum reservirt, so liegt eine Besitzübertragung mit anderer Absicht vor, z. B. den Gebrauch zu gestatten, sei es nun entgeltlich oder unentgeltlich; dies muß den Gegenstand eines besondern, zwischen dem Abschluß und der Erfüllung des Kaufes gelegenen zweiten Geschäftes bilden, und es kann hierin nicht vielleicht eine vorläufige Theilleistung aus dem Kaufe gesehen werden, weil das Eigenthum nicht aus Theilrechten besteht, sondern ein begrifflich unspaltbares ist, das nur entweder ganz oder gar nicht gegeben wird. Der Verkäufer, der das Object dem Käufer zur Benützung gibt, kann das nur neben, nicht aus dem Kaufcontracte thun; in dieser Beziehung steht der Käufer einem jeden Dritten vollkommen gleich und kann Benützungsrechte für die Zwischenzeit bis zur Zahlung nur durch dieselben Rechtsgeschäfte erwerben wie ein Nichtkäufer. Was immer also an Rechten gewährt wird, ist, wenn der Verkäufer sich das Eigenthum zurückbehält, als Leistung aus dem Kaufe nicht anzuerkennen.

Diese Consequenz gilt auch gegenüber der von Sintenis getroffenen unerklärlichen Entscheidung, daß während der Wirksamkeit des p. r. d. beide Contrahenten, und zwar jeder in einer anderen Hinsicht, Eigenthümer des Kaufgegenstandes sind, und daß darum zu gleicher Zeit Beiden zur Wahrung ihrer Rechte eine rei vindicatio zugestanden werden müsse; zur Vermittlung eines derartigen Rechtsverhältnisses sah sich Sintenis allerdings zu einer Construction genöthigt, nach welcher sich im p. r. d. zu gleicher Zeit einige Wirkungen der aufschiebenden und der auflösenden Bedingung vereinigen, was er selbst ein „Anomalon von Bedingung“ nennt.

ad 2. Nach all' dem bedeutet der Vorbehalt des Eigenthums nichts als den Vorbehalt der Leistung bis zur Gegenleistung d. h. einen beiderseitigen Erfüllungsaufschub. Die vielen Freunde der Ansicht, daß hiermit der Verkäufer seinem Mitcontrahenten Credit gewähre, stützen sich durchgehends nur darauf, daß er doch offenbar sofortige Zahlung beanspruchen könnte, aber trotzdem auf sie warten zu wollen verspricht. Sie verhehlen sich dabei keineswegs, daß der gewöhnliche Credit etwas anders aussieht, sprechen aber von einer hier vorliegenden Modification desselben. Was gegen diese Modification einzuwenden ist, wird sich am deutlichsten darthun lassen, wenn wir einige Proben ihrer Vertheidigung betrachten.

Der Begriff des Credits wird, wie wir zu zeigen versuchen wollen, von zwei wesentlichen Merkmalen gebildet: 1. sofortige Leistung des einen Contrahenten und 2. sein Versprechen, dem anderen Aufschub zu gönnen. Von dieser ursprünglichen Bedeutung des Credits geht auch Puchta aus, jedoch mit der Abweichung, daß er diese beiden Merkmale für Wirkungen des Credits erklärt, Wirkungen, welche durch den Willen der Parteien ausgeschlossen werden können, ohne daß der Begriff des Credits dadurch beeinträchtigt würde, und beim Eigenthumsvorbehalte habe eben der Credit nur die zweitgenannte Wirkung[21]. Diese Ansicht ist schon darum unhaltbar, weil ihr gegenüber jedenfalls die Frage berechtigt wäre, ob denn auch dann Credit vorläge, wenn die Parteien anstatt der ersten „Wirkung" die zweite, nämlich den Zahlungsaufschub selbst, ausschließen wollten. Den Grundgedanken Puchta's hält streng genommen auch Vangerow fest; nur gibt er ihm eine vorsichtigere Form, indem er sagt:

---

[21] Puchta Vorles. § 148 (Bd. I, 2. Aufl.). Beachtenswerth ist, daß Puchta S. 295 zuerst richtig „Credit also Frist" sagt, hierauf aber für Credit den weiteren Begriff Frist als gleichbedeutend gebraucht in dem Satze: „Ist Frist gegeben, so ist die stillschweigende Bedingung in einen dies verwandelt, der die Wirkung nicht suspendirt."

„Der wesentliche Inhalt des Creditvertrages besteht offenbar nur darin, daß der Verkäufer verspricht, er wolle den Kaufpreis, den er streng rechtlich sogleich fordern könnte, jetzt noch nicht eintreiben, und nur eine stillschweigende Folge hiervon ist es, daß auch das Eigenthum, welches ohne dies erst mit der Zahlung des pretium auf den Käufer übergehen würde, sogleich demselben erworben wird. Fügt nun aber der Verkäufer das p. r. d. hinzu, so wird dadurch offenbar nur diese stillschweigende Folge des Creditvertrages aufgehoben, das eigentliche Wesen desselben aber gar nicht ergriffen".

Wir fragen: ist es denn wirklich eine stillschweigende Folge des Zugeständnisses seitens des Verkäufers, auf den Kaufpreis warten zu wollen, daß sein Eigenthum dem Käufer sogleich erworben wird? Kann daraus allein, daß dem einen Contrahenten ein Aufschub gewährt wird, für den anderen das Gegentheil folgen? Können denn nicht beide Theile ihre Leistung aufschieben? Offenbar hat uns also Vangerow den Credit nicht erklärt. Allein angenommen, es verhielte sich, wie er sagt; könnte man dann diese stillschweigende d. h. ohne Weiteres von selbst eintretende Folge ausschließen? Keineswegs, und es ist durchaus nicht stichhaltig, wenn Geyso in derselben Absicht bemerkt, die Verabredung, „es solle zwar Credit gegeben werden, das Eigenthum aber erst nach Zahlung des Kaufgeldes übergehen", sei „so erlaubt wie die, daß nach abgeschlossenem Kaufe das periculum nicht auf den Käufer übergehe, sondern bis zu einem bestimmten Zeitpunkt dem Verkäufer zur Last fallen solle". Jene Verabredung wäre freilich nicht unerlaubt, sondern nur logisch unmöglich, und kann mit dieser nicht in Vergleich gesetzt werden. Während nämlich die Vertheilung des periculum beim Kaufe jus dispositivum ist, so daß der Verkäufer auf sein Recht zu Gunsten des Mitcontrahenten verzichten kann, ist der Credit überhaupt gar kein Recht, sondern eine technische Bezeichnung. So wenig die Parteien den Begriff der Bedingung oder des Kaufes ändern können, eben so wenig hängt es von ihnen ab, was man unter Credit zu verstehen habe. Sie können nur entweder Credit wollen, indem sie die Voraussetzungen desselben setzen, oder ihre Verabredung muß für etwas anderes erklärt werden; schließen sie „stillschweigende Folgen“ des Creditvertrages aus, so muß angenommen werden, daß sie gar keinen Credit beabsichtigen. Sowohl bei Puchta wie bei Vangerow verdünnt sich der Credit zum bloßen Warten, zur bloßen Frist; dabei aber scheint übersehen zu werden, daß sich beim Kauf unter Vorbehalt mit demselben Rechte behaupten ließ, der Käufer creditire dem Verkäufer wie umgekehrt, indem ja der letztere sich für seine Leistung bis zu demselben Zeitpunkt Frist nimmt, in welchem die Zahlung erfolgen wird, mithin beide Parteien ihren Verbindlichkeiten gleichzeitig erst in einem späteren Zeitpunkt nachkommen wollen. Da sie einander gegenseitig zuwarten, so gäbe das einen Credit, den sie einander gegenseitig gewähren, so daß schließlich wieder der eine den andern aufhebt. Diese Consequenz wird wohl Niemand ziehen wollen. — Daß aber der Ausdruck Credit eine dem Inhalt nach genau umschriebene technische Bezeichnung ist, wird aus dem Folgenden einleuchten. Die Nationalöconomie[22], die sich mit dem Credit sehr eingehend befaßt, charakterisirt ihn durchgehends als „sofortige einseitige Leistung gegenüber einer aufgeschobenen Gegenleistung“. Damit stimmt das römische Recht vollkommen überein. Eine zwar oberflächliche Begriffsbestimmung des credere enthält l. 1. D. de reb. cred. (12,1); allein aus ihr geht wenigstens das hervor, daß credere so-

[22] Vgl. z. B. Rau, Grundſ. d. Volkswirthschaftsl., 8. Aufl. § 278: „durch den Credit wirc man in den Stand gesetzt, sich im Verkehre Güter (zur Benützung oder zum Eigenthum) oder andere Leistung zu verschaffen, ohne daß man den bedungenen Gegenwerth sogleich erstatten müßte“. . . . „Verträge, in denen der eine Theil, weil er Credit genießt, von dem anderen eine Leistung empfängt, die er erst später zu vergüten hat, sind Creditgeschäfte.“

viel wie alienam fidem sequi d. h. „sein Vertrauen in Jemanden setzen" bedeutet, was übrigens auch schon aus dem Worte etymologisch herauszulesen ist. Dieses Vertrauen kann jedoch in vielen Formen auftreten, und darum zu sehr verschiedenartigen Rechtsgeschäften führen, die uns in der Jurisprudenz immer nur gesondert entgegentreten und nicht verwechselt werden dürfen. Wollte also Jemand, der trotz Eigenthumsvorbehalt einen Credit anerkennen zu müssen glaubt, dafür geltend machen, daß ja vorausgesetzter maßen der Verkäufer durch einseitige Leistung dem Käufer Vertrauen beweist, indem er ihm das Object sofort zur freien Benützung überläßt, so ist darauf zu erwidern, daß dies eben nicht der Credit aus dem Kaufgeschäfte, sondern der Credit aus dem Zwischengeschäfte z. B. dem Miethvertrag wäre, daß aber der Verkäufer aus dem Kaufe nur dann creditire, wenn er die Kaufleistung selbst vorerst erfüllt, d. h. das Eigenthum überträgt, falls er es hat. Daß dem so sei, sprechen die Quellen deutlich aus, in einer Weise, welche nicht dem geringsten Zweifel darüber Raum gibt, was sie unter einem Kaufe auf Credit verstehen. Neben l. 19, l. 53. D. contr. emt. (18,1) ist hier besonders wichtig l. 41. J. de rer. div. (2,1):

> venditae vero res et traditae non aliter emtori adquiruntur, quam si is venditori pretium solverit vel alio modo ei satis fecerit: veluti expromissore aut pignore dato . . . . si is qui vendidit fidem emtoris sequutus fuerit, dicendum est, statim rem emtoris fieri.

Hier ist die Creditgewährung (fidem sequi) mit dürren Worten der Zahlung des Kaufpreises gerade in der Richtung gleich gestellt, daß das Eigenthum durch die folgende Tradition sofort auf den Käufer übergeht. Offenbar also kann dieser Stelle gegenüber bei Ausschluß des Eigenthumsüberganges kein Credit gewährt worden sein; und gerade dies ist der

Fall des Eigenthumsvorbehalts. Der Credit hat eben juristisch gar keine andere Function und Bedeutung, als die einseitige Leistung aus einem zweiseitig verbindlichen Geschäft zu ermöglichen. So wie man nicht sagen kann: „ich eröffne dem N. einen Credit von 100, leiste ihm aber die 100 nicht, sondern behalte sie mir vor", eben so wenig kann der Verkäufer behaupten, creditirt zu haben, wenn er sich das Eigenthum vorbehält.[23]

Um so auffallender ist es, wenn Göschen[24] mit directem Bezug auf die citirte l. 41. J. de rer. div. den Credit trotz Vorbehalt möglich findet. Zahlung, Sicherstellung und Creditirung, sagt er, seien die Fälle, in denen der Verkäufer zufrieden gestellt erscheine und darum das Eigenthum dem Käufer erworben werde; dann fährt er fort:

> „wenn nun der Verkäufer noch nicht zufrieden gestellt ist, da ist das p. r. d. überflüssig, nicht aber da, wo jenes der Fall ist, wo er z. B. dem Käufer Credit gegeben hat. Dann ist durch das p. r. d. die außerdem eintretende Folge des Zufriedengestelltseins, namentlich des etwa gegebenen Credites, wieder aufgehoben, und der Erfolg ist nun in Hinsicht der Uebertragung des Eigenthums derselbe, wie wenn nichts geschehen wäre, was den Verkäufer hätte zufrieden stellen können".

Und was ist denn, müssen wir fragen, geschehen, das den Verkäufer hätte zufrieden stellen können? Und wenn irgend etwas zufrieden stellen konnte, warum hat es dies nicht gethan? Kann man die Folge des Zufriedengestelltseins, die Folge des Credites aufheben, und dennoch glauben, zufrieden

---

[23] Das wäre eine Aushöhlung des Begriffs Credit, durch die er völlig inhaltlos würde, wie z. B. bei Holzschuher, Theorie und Casuistik II., 1. Abth. S. 170 ff., wo es heißt: „Es läßt sich auch der Fall denken, daß der Verkäufer tradirt hat, ohne Credit verwilligt zu haben; dann kann er hinterher Credit mit der Bedingung des reservirten Eigenthumes geben."

[24] Göschen, Vorles. II., § 277 a. E.

zu sein und Credit gegeben zu haben? Will das nicht vielmehr sagen, daß der Verkäufer mit der Sicherheit, welche ihm die Lage des Käufers bietet, eben nicht zufrieden war und darum keinen Credit gab? Wozu eine Zufriedenheit fingiren, um sie verläugnen, ihre Folgen aufheben zu können? Credit gewähren heißt Vertrauen; sicherlich aber behält sich der Verkäufer sein Eigenthum nicht aus Vertrauen, sondern aus Mißtrauen gegen den Käufer vor; er wartet zwar auf die Zahlung, erklärt aber ausdrücklich, daß auch auf die Eigenthumsübertragung gewartet werden müsse.

Während also der Eigenthumsvorbehalt die Verabredung ist, daß beiderseits noch nicht geleistet werden solle, verlangt der Kauf auf Credit eine Leistung mit vorläufigem Verzicht auf sofortige Gegenleistung, wobei mithin einerseits der Eigenthumsübergang, andererseits die Stundung des Kaufpreises wesentlich erscheint.

VI. Fortsetzung.

Credit und Vorbehalt des Eigenthums sind unvereinbar. Fragen wir nun, aus welchen Gründen man so zähe an der Crediteigenschaft des p. r. d. festhielt und sich mühte, einen Unterschied zwischen Nichtcreditiren und Nichteigenthumübertragen einerseits und Creditiren aber doch nicht Eigenthumübertragen andererseits zu statuiren[25], so lautet die einzige und allgemeine Antwort: es sei nach R. R. gesetzliche Regel, daß bei Mangel der Creditirung — vorausgesetzt natürlich, daß nicht gleich gezahlt wurde — das Eigenthum auch ohne Vorbehalt nicht auf den Käufer übergehe. Wollte man daher das p. r. d. nicht für ein wahres superfluum erklären, was gegen alle Auslegungsregeln verstoßen würde, so müsse man Credit voraussetzen. Es leuchtet ein, daß dieser Schluß nicht ganz richtig ist; um der Annahme eines superfluum zu ent-

[25] Vgl. z. B. Duncker a. a. O. § 8.

gehen, darf man nicht widersprechende Begriffe, wie Credit und Vorbehalt sind, aneinanderketten wollen, sondern müßte eher das p. r. d. völlig streichen. Allein ist der Vorbehalt des Eigenthums dort, wo kein Credit beabsichtigt wird, wirklich überflüssig? Wir glauben im Gegentheile, er sei unter gewissen Voraussetzungen sogar unumgänglich nöthig.

Jeder Kauf nämlich, dessen Erfüllung möglich sein soll, muß eine ausdrückliche oder stillschweigende Bestimmung enthalten, durch die zwischen folgenden drei Erfüllungsarten eine Wahl getroffen ist:

1. Beide Parteien leisten sofort nach Abschluß;

2. eine Partei leistet früher als die andere d. h. sie bewilligt Credit;

3. beide sollen erst in Zukunft erfüllen.

Die Ratenzahlung als eine zum Theil aufgeschobene Leistung gehört entweder zur zweiten oder dritten Erfüllungsart. Haben die Contrahenten oder eine anerkannte Gewohnheit in keiner Weise etwas anderes verfügt, so ist ohne Zweifel die sofortige Leistung stillschweigend in den Vertrag aufgenommen worden. Wünscht eine Partei für sich einen Aufschub, so bedarf es der Zustimmung der Gegenpartei; eine solche werden wir dann als stillschweigend gegeben anzunehmen haben, wenn der Verkäufer, der von jenem Wunsche in Kenntniß gesetzt wurde, die Sache dem Käufer, ohne den Preis zu verlangen, übergibt; er kann dabei, sobald er die Tradition in keiner Weise beschränkte, nur die Tradition aus dem Kaufe im Sinne gehabt haben, d. h. die Eigenthumstradition; darum liegt in einem solchen Acte eine stillschweigende Creditgewährung.

Will er aber nicht creditiren, jedoch dem Käufer auf Zahlung warten und — darauf kommt alles an — ihm in der Zwischenzeit die Benützung des Kaufobjectes ermöglichen, so kommt es wieder zu einer Tradition; in einem solchen Falle aber wird eine Erklärung des Verkäufers in der Regel nicht zu umgehen sein, da sonst die Uebergabe der Sache nothwendig das Aussehen des stillschweigend gewährten Credites annehmen würde. Diese Erklärung wird zum Inhalte haben, daß die Tradition nur zum Behufe der Benützung, z. B. auf Grund des Miethvertrages, vorgenommen werde, und daß sie in so lange nicht als Uebertragung des Eigenthums zu gelten habe, bis der Käufer seiner Vertragspflicht vollkommen genügt, also daß der Verkäufer sein Eigenthum nicht aufgebe, sondern es sich vorbehalte. Natürlich wird das nicht immer in gleicher Ausführlichkeit ausgesprochen werden müssen; denn der Vorbehalt des Eigenthums bildet die Kehrseite der Verabredung über das Zwischengeschäft, so daß der Verkäufer, wenn er das Object dem Käufer „zur Benützung" gibt, damit bereits das Eigenthum sich vorbehielt, und wenn er sich ausdrücklich das Eigenthum vorbehält, damit bereits erklärt, nur Gebrauchsrechte einräumen zu wollen. In dem einen ist das andere mitinbegriffen, daher kann die reservatio dominii wohl umschrieben werden, allein sie muß wenigstens in so einer Umschreibung ausgesprochen sein. Die wesentliche Bedeutung des Eigenthumsvorbehaltes liegt also in der ausdrücklichen Negation der Creditgewährung bei Gelegenheit einer Tradition, in der sonst Credit vermuthet worden wäre. Sieht man auf diesen Kern der Sache und nicht auf die Worte allein, so wird man den Vorbehalt nicht mehr für überflüssig, sondern für durchaus nothwendig erachten.

Die entgegengesetzte Ansicht, welche sich auf die gesetzliche Regel beruft, daß bei Mangel der Creditirung auch ohne Vorbehalt das Eigenthum nicht übergehe und daß mithin der Vorbehalt überflüssig wäre, täuscht sich, weil sie die im Falle des Vorbehaltes vorausgesetzten thatsächlichen Verhältnisse nicht in's Auge gefaßt hat. Wohl wäre es überflüssig, sich das Eigenthum ausdrücklich vorzubehalten, wenn man die Sache nicht aus Händen gäbe oder wenn doch der

Gegner anderweitig wüßte, daß man ihm keinen Credit gewähre — nur müßte er den Ausdruck Credit auch richtig verstehen —; allein der Vorbehalt ist nicht überflüssig, wenn man erst durch ihn dem Gegner auf die unwidersprechlichste Weise beibringen will, daß er diesen Kauf nicht als Creditkauf anzusehen berechtigt sei. Gerade dazu ist der Vorbehalt bestimmt, um die gesetzliche Regel, die ihm angeblich im Wege stehen soll, in concreto zur Geltung zu bringen.

Nun noch ein Wort über diese Regel selbst! Sie entspringt aus dem Begriff der Entgeltlichkeit, welcher in der Natur des Kaufes liegt, und sagt in ihrer einfachsten Gestalt nicht mehr, als daß der eine Contrahent nur gegen die Leistung des anderen Contrahenten selbst zu leisten verbunden sei (arg. § 41 J. de rer. div. 2,1). Obwohl beide Contrahenten aus dem Vertrag unbedingt verpflichtet sind, so ist es doch der eine nicht mehr als der andere. Die Gegenleistung ist die stillschweigende Voraussetzung der Leistung; wenn erstere ausbleibt, so ist die letztere, selbst wenn sie bereits erfolgt wäre, nicht als solche anzusehen (arg. l. 19. D. de contr. emt. 18,1). In diesem Verhältniß der gegenseitigen Abhängigkeit stehen die beiden Leistungen überall, wo eine gleichzeitige Erfüllung in Aussicht genommen ist, sei es gleichzeitig in der Gegenwart, sei es in der Zukunft; nur die Verabredung einer ungleichzeitigen Erfüllung, d. h. die Gewährung von Credit, hebt dieses Verhältniß auf. Der Verkäufer also, der in Erwartung sofortiger Gegenleistung tradirt, thut das unter folgendem stillen Vorbehalt: „Die Tradition gilt nur unter der Bedingung, daß gezahlt wird“. Damit ist aber keine selbständige Bedingung aufgestellt, sondern blos die Consequenz aus der Gegenseitigkeit der Verpflichtungen gezogen; nur tritt hier der Inhalt jener gesetzlichen Regel in einer besonderen Form auf, in der Form einer stillschweigenden Bedingung, einer conditio tacita oder juris, mit der wir es im Folgenden zu thun haben werden.

Das Resultat dieser Untersuchung ist also: der Creditkauf ist der Gegensatz von dem Kauf mit dieser cond. juris und zugleich der Gegensatz des Eigenthumsvorbehalts.

VII. Das p. r. d. enthält nur eine conditio juris.

Nachdem wir nunmehr die Basis vollständig klar gelegt haben, auf der allein sich eine feste widerspruchslose Theorie des p. r. d. aufbauen läßt, so wird uns diese letztere Arbeit selbst nicht schwer fallen, um so weniger, als wir in der Lage sein werden, alle Beweislast von uns ab auf jene zu wälzen, die das Gegentheil von unserer Ansicht behaupten. Es handelt sich nämlich beim p. r. d. um nichts weiter als um eine Interpretation. Was war die Absicht der Parteien? Fragen wir zuerst, mit welchen Worten drückten sie ihre Absicht aus? Die gewöhnliche Form des Vorbehaltes ist eine Clausel, die dem Kaufvertrag hinzugefügt wird und folgendermaßen lautet: sub reservatione dominii oder sub pacto reservati dominii oder „unter Vorbehalt des Eigenthums".[26] Bedenkt man nun, daß fast alle Schriftsteller über das pactum in demselben eine Bedingung finden, suspensiv oder resolutiv, aber immer eine eigentliche wahre Bedingung, so wird man fragen, in welchem Worte dieser Clausel sprechen denn die Parteien ihren Willen aus, eine Bedingung zu setzen? Wenn wir nun auch zugestehen, die Bedingung sei zwar nicht ausgesprochen, allein nothwendigerweise aus dem Geiste der Clausel zu entnehmen[27], so behaupten wir doch

---

[26] S. darüber Leonhardt a. a. O. § 6. Er führt dort auch an, daß es, allerdings viel seltener, in den Kaufcontracten heißt: „Der Verkäufer reservire sich bis zur Zahlung des creditirten Kaufgeldes das Eigenthum". Bei diesem Wortlaut sollte man denken, liege es doch auf der Hand, daß jede Auslegung außer der unseren der Absicht der Parteien Gewalt anthut, besonders die Resolutivbedingung.

[27] S. Duncker Rhein. Mus. V. Abh. 7. Einleitung (gegen Geyso).

gerade darum, weil sie nicht selbständig ausgesprochen ist, sondern aus dem Inhalt der Clausel gefolgert werden muß, daß wir nach keiner Regel der Interpretation ein Recht haben, darin mehr als die bekannte stillschweigende Bedingung zu erblicken, welche in der Natur des Kaufvertrages gegründet ist und durch den Vorbehalt des Eigenthums d. h. durch den Ausschluß des Credits in ihrer Anwendung auf den concreten Kaufvertrag gesichert wird. Wir brauchen blos den Weg zu beschreiben, den die früheren Bearbeiter des p. r. d. gegangen sind, und es wird einleuchten, warum unsere Ansicht keines weiteren Beweises bedarf: man war von der unrichtigen Anschauung ausgegangen, daß wegen der cond. juris beim Kaufe ohne Credit ein Eigenthumsvorbehalt überflüssig wäre; daraus ergab sich, daß man es mit einem Creditkauf zu thun habe; mit dem Creditkauf aber verträgt sich wieder nicht jene cond. juris; da man aber aus dem Sinne des p. r. d. doch immer etwas wie eine Bedingung herausfühlte, so würde eine andere conditio construirt, eine nicht stillschweigende; vorerst natürlich eine suspensive, weil es beim Wortlaut des p. r. d. das natürlichere ist[28]; die unhaltbare Construction dieser Suspensivbedingung endlich rief das Bedürfniß nach einer Resolutivbedingung hervor[29]; es war ferner, da man keinen Boden unter sich hatte, leicht, zu der Behauptung zu gelangen, daß der Vertrag selbst bedingt sei, was wir schon oben wiederlegt haben. Nachdem aber im Vorhergehenden bewiesen ist, daß im Eigenthumsvorbehalt kein Credit liege, und daß er dennoch nicht überflüssig sondern nothwendig sei, und mithin jeder Grund

---

[28] Vgl. Gensler, civ. Arch. II. S. 291; Geysо a. a. O. S. 162; Vangerow, zum Theil auch Sintenis, bes. aber Duncker a. a. O. § 10.

[29] So bei Müller, so Hofmann, civ. Arch. XVIII § 6 ff. u. a. m.; nur Leonhardt ist noch auf einem anderen Wege zur Resolutivbedingung gelangt; wir kommen darauf am Schluß dieses Abschnittes zurück.

fehlt, über die cond. juris hinauszugehen, so fallen nun auch jene Interpretationen des p. r. d., welche in ihm eine der Tradition hinzugefügte Bedingung erkennen, vor unserer Erklärung in sich zusammen; ihr gegenüber erscheinen sie willkürlich und künstlich. Daß sie auch im Einzelnen die Mängel nicht verläugnen, welche diesen Eigenschaften entspringen, darauf haben wir gelegentlich bereits hingewiesen; von dem Standpunkt aus, den wir jetzt gewonnen haben, können wir es uns versagen, dieses Detail weiter zu verfolgen.

Wir wollen nun die Wirksamkeit der uneigentlichen mit den Wirkungen der eigentlichen Bedingung vergleichen. Wir gestehen gern zu, daß es in der Macht der Parteien steht, die Tradition unter der ausgesprochenen suspensiven oder resolutiven Bedingung vorzunehmen, daß nachträglich gezahlt wird, und so den ungefähren Inhalt der cond. juris ausdrücklich zum Inhalt einer Verabredung zu machen, welche dann als eigentliche Bedingung zu behandeln sein wird. Aeußerlich würde eine so aufgestellte Suspensivbedingung sich wenig von der cond. juris unterscheiden. Der Verkäufer würde bis zur Zahlung Eigenthümer sein und hätte, falls nicht gezahlt wird, die rei vindicatio gegen den Käufer, der die Sache inzwischen zur Benützung hatte; eine exceptio könnte nicht mehr entgegengesetzt werden; dem Verkäufer steht frei, dann noch auf Erfüllung des Kaufes zu dringen, ebenso wie der Käufer, so lange der Kauf nicht aufgelöst wird, immer noch mit Wirkung Zahlung anbieten kann. Nur freilich erklärt es sich durch die cond. juris leichter, wie so das p. r. d. mit oder ohne Zahlungsfrist geschlossen werden kann, da die mangelnde Zahlungsfrist im Falle der cond. juris ohne weiteres durch die Kündigung ersetzt wird. Der wesentliche Unterschied liegt aber darin, daß es sich bei der eigentlichen Bedingung um eine bedingte Tradition handelt, mithin Retrotraction der Wirkungen Platz greift, wovon beim Eigenthumsvorbehalt, wie wir ihn auffassen, keine Rede sein kann. Die cond. juris besagt nicht: ich tradire heute in Dein Eigenthum unter der aufschiebenden Bedingung, daß Du mir später einmal zahlst, sondern: wenn Du mir später einmal zahlst, so wird die Sache, die ich Dir inzwischen zum precaristischen Besitz oder in Detention übertrage, Dein. Bedingt von der Zahlung ist also hier der zukünftige Eigenthumserwerb, die gegenwärtige Tradition ist vollständig unbedingt. Was aber die Verabredung einer Resolutivbedingung anbelangt, so ist ihre Wirkung offenbar die: das Eigenthum, das bis zur Zahlungsfrist dem Käufer zusteht, fällt, wenn er sie versäumt, ipso facto auf den Verkäufer zurück, ohne im Uebrigen den Bestand des Kaufes zu alteriren. Hier ist der Unterschied gegenüber unserer Auffassung auch äußerlich in die Augen springend. — Während wir den Inhalt des Vorbehaltes uns aus den feststehenden Grundsätzen über den Kauf abgezogen, und die darin enthaltene stillschweigende Bedingung nur als Consequenz dieser Grundsätze erkannt haben, sah man sonst die Bedingung für das wesentliche, das ursprüngliche an und holte aus ihr, die man doch nur vermuthen konnte, den ganzen Inhalt des p. r. d. her; denn da man Credit und Vorbehalt mit einander verbinden wollte, was nur möglich war, wenn man sich unter Credit nichts dachte, so blieb der Begriff der Bedingung allein zur Construction des Vorbehaltes übrig; daher die übertriebene Wichtigkeit, welche die Fragen über die Bedingung in der Literatur des p. r. d. genießen. Das alles hätte aber der praktischen und literarischen Entwicklung des p. r. d. keinen so argen Schaden zufügen müssen, wenn man wenigstens die selbstgeschaffene Bedingung auch lebensfähig gemacht hätte. Allein dagegen stemmte sich der Fluch der bösen That, die fortzeugend Böses muß gebären; da man eine Bedingung statuirt hatte, der ein rechtsgiltiger Existenzgrund fehlte, so wagte man nicht, sie in ihrer ganzen Schärfe mit allen ihr zustehenden Wirkungen durchzuführen und verschlimmerte dadurch das Uebel anstatt es zu bessern. Man hatte die Bedingung gebraucht, um dem pactum einen Inhalt zu geben; da man aber doch von dem Gefühle beherrscht war, daß es den Parteien mit der Bedingung nicht recht ernst gewesen sein mag, so legte man sich die Absicht der Parteien beliebig zurecht, um die Bedingung wieder lahm zu legen. Man sagte: weil das p. r. d. nur der Mangelhaftigkeit des römischen Hypothekenrechtes seine Ausbreitung dankt, also dieses gewissermaßen zu ersetzen hat, so steht zu vermuthen, daß die Parteien dem Verkäufer wo möglich nur so viel Rechte wahren wollten, als ihm etwa ein absolut priviligirtes Pfandrecht einräumen würde[30]. Da aber das Eigenthum sich nicht ohne Weiteres auf ein Pfandrecht reduziren läßt, so wollte man dem Verkäufer die Ausübung wenigstens möglichst erschweren[31]. Man gestaltete zu diesem Zwecke die Bedingung, an welche man das Eigenthum des Verkäufers geknüpft hatte, derart, daß sie nicht etwa an einem bestimmten Tag eintreten sollte, selbst wenn ein solcher zur Zahlung festge-

---

[30] Leonhardt a. a. O. § 9. Anm. 2: „Das p. r. d. soll den Verkäufer nur gegen Nachtheile sichern, welche seinem Anspruch von außenher drohen; es ist kein Recht, welchem ein selbständiges Interesse zu Grunde liegt. Es verhält sich in letzterer Beziehung alles so, als wenn das creditirte Kaufgeld durch Pfandrechte gesichert wäre." — An einer anderen Stelle: „aus den obigen Betrachtungen ergibt sich, daß man, wenn man von dem Begriff des absolut privilegirten Pfandrechts ausgeht, die Idee des reservirten Eigenthums ihrem allgemeinen Wesen nach mit Rücksicht auf den materiellen Bestand richtig erfaßt hat." Ebenso Duncker § 14; ähnlich Sintenis.

[31] Am schlimmsten ist das bei Geyso S. 174, der dem Verkäufer zwar das Eigenthum zuspricht, aber dem Käufer immerwährend eine wirksame exceptio wegen des habere licere gewährt. Hofmann S. 265 gibt dem Verkäufer überhaupt nur eine persönliche Klage auf Rückstellung. Leonhardt setzt den Eintritt der Bedingung wie Müller in die Insolvenz des Käufers; dagegen Duncker.

setzt war, sondern erst wenn der Verkäufer insolvent wurde; in diesem Falle aber tritt sie eigentlich auch nicht eo ipso ein; der Käufer braucht dann nur trotzdem zu zahlen, so war eben die Bedingung nicht eingetreten, oder äußert wenigstens absolut keine Wirkung, und wenn schließlich die Concursgläubiger es für vortheilhaft halten, den Kauf zu erfüllen, so war die Bedingung wieder nicht eingetreten; kurz, das Eigenthum sollte dem Verkäufer nicht für einen juristisch bestimmten Fall vorbehalten sein, sondern für den äußersten ökonomischen Nothfall. Die practisch wichtige Folge davon ist, daß wenn der Käufer nicht zahlt, dennoch der Verkäufer nicht vindiciren darf, um im Besitze seines Eigenthumes es sich wohl zu überlegen, ob er Grund finde, seinerseits auf dem Kaufe noch ferner zu bestehen, sondern daß er zu letzterem Schritte gezwungen ist. Es entgeht ihm hierdurch ein Vortheil, den ihm eine passende construirte Bedingung eben so wohl wie die cond. juris gewährt hätte. Wenn z. B. die Parteien einen Vorbehalt mit resolutiver Wirkung verabredet hätten, und der Käufer am Termin nicht zahlt, so muß der Verkäufer nach Leonhardts Ansicht auf Zahlung klagen, muß obsiegen, muß Execution erwirken, wobei vielleicht gar das strittige Gut selbst unter den Hammer kommt, um den Kläger aus dem Erlös zu befriedigen, eventuell muß er die Eröffnung des Concurses über das Vermögen seines Gegners herbeiführen, und wenn sich dann Niemand findet, der ihn mit seiner Forderung befriedigen will, so fällt das Eigenthum an ihn zurück, d. h. er kann die Vindicationsklage anstellen[32]. So bereitet man dem Ver-

[32] Leonhardt a. a. O. S. 229, 232, 245, 257 ff. Nebenbei sei bemerkt, daß, während Leonhardt einerseits zugibt, der Bestand des Kaufvertrages werde durch den Eigenthumsrückfall nicht berührt, er anderseits es zu einem Eigenthumsrückfall nur im Concursfall kommen läßt, wo der Fortbestand des Kaufvertrages praktisch werthlos wird; derselbe dient nach Leonhardt § 16 nur dazu, daß sich der Verkäufer

käufer, aus Furcht, daß er in dem vorbehaltenen Eigenthum zu viel überflüssige Sicherheit finden könnte, eine mißlichere Lage als einem Pfandgläubiger; der Zweck aber ist erreicht, den Eigenthumsvorbehalt für den Verkäufer möglichst unpraktisch zu machen. Und das glaubte man aus der Absicht der Parteien herauslesen zu können! Diese Art der Interpretation öffnet der Willkür Thür und Thor; gibt es doch nichts willkürlicheres als den Inhalt eines Rechtsgeschäfts aus den Motiven herzuleiten, die zu seinem Abschluß geführt haben.

Bevor wir diesen Abschnitt beenden, sei uns noch ein kleiner Nachtrag gestattet. Aus den bisherigen Ausführungen geht hervor, daß sie namentlich auch gegen Leonhardt gerichtet sind; derselbe gelangte aber zur Aufstellung der Resolutivbedingung nicht nur auf dem von uns ausschließlich besprochenen deductiven Wege, sondern auch auf dem Wege der praktischen Erfahrung; er argumentirt aus der in einem Theile Hannover's bestehenden Uebung. Ueber diesen Punkt können wir uns kurz fassen. Gründet sich diese Uebung auf ein Gewohnheitsrecht, demzufolge das p. r. d. den Vorbehalt des Eigenthumsrückfalls bezeichnet, so stehen wir nicht an zu erklären, daß damit die fernere Diskussion abgeschnitten und die Frage nach dortigem Rechte gelöst ist; nur darf man daraus nicht folgern wollen, daß es so und nicht anders in der Natur der Sache liege; wir glauben das Gegentheil deutlich genug bewiesen zu haben. Auch würde dieses Localrecht die Frage nicht über sein Geltungsgebiet hinaus entscheiden; anderswo gelten entgegengesetzte Anschauungen, und meist herrscht die Unsicherheit der Ansichten, wie sie sich eben

---

wegen casueller Deterioration durch eine persönliche Klage schadlos halten könne; wir aber glauben zwar auch, daß der Käufer es ist, dem diese Deterioration zur Last fällt, nicht aber so, daß er dem Verkäufer dafür aufkommen muß, sondern indem ihn der letztere zwingen kann, den Kauf zu erfüllen, was freilich im Concurs nicht geschehen wird.

in der Literatur spiegelt[33]. Allein ein Gewohnheitsrecht hat Leonhardt selbst für jenen Theil Hannover's nicht nachgewiesen. Abgesehen davon, daß er selbst auch für die vorliegende Frage die juristische Deduction dem Erfahrungsbeweise überordnet[34], so hat die Praxis, aus der er schöpft, den großen Mangel, blos aus Urkunden über Kaufcontracte hergenommen zu sein, nicht aber aus richterlichen Urtheilen über daraus entstandene Streitigkeiten; sie kann uns daher nicht die herrschenden Rechtsanschauungen zeigen, sondern nur, was die Parteien gewollt haben, ihre Absicht, die allerdings zur Interpretation des Vorbehaltes in der Regel ausreicht. Aus den Contracten aber ergibt sich nach Leonhardt selbst nur das eine, daß die Contrahenten den Käufer sofort für den Eigenthümer ansehen; alles andere ist aus der Praxis nicht zu entnehmen und bleibt der theoretischen Construction zur Entscheidung vorbehalten; selbst die Hauptfrage, welche mit dem Wesen des p. r. d. so innig zusammenhängt, wann das Eigenthum auf den Verkäufer zurückfalle, sucht vergebens eine Beantwortung aus der Erfahrung. Unter solchen Umständen, d. h. bei einer mangelnden Spruch- und mangelhaften sonstigen Praxis, dürfte es verzeihlich sein, wenn ein Verdacht in uns aufsteigt, dessen Bestätigung die Bedeutung jener Kaufurkunden für die Lehre vom p. r. d. bedeutend herabsetzen würde, der Verdacht, daß die Parteien, indem sie wie gewöhnlich beim Kaufe das Eigenthum sofort übergehen lassen, mit dem daran gefügten Vorbehalt überhaupt keine klare Vorstellung verbinden. Wie, wenn ein Mißverständniß und eine alte Gewohnheit die einzigen Gründe für das locale häufige Vorkommen des p. r. d. wären? wie, wenn der Verkäufer wirklich nur beabsichtigte — was Leonhardt andeutet —, sich bei dem mangelhaften Hypothekenrecht gegen

---

[33] S. die Zusammenstellung bei Duncker a. a. O. Abh. 4 und 7.
[34] Leonhardt § 11 a. E.

alle Vorfälle zu schützen, ohne daß er sich über das gewählte Mittel Rechenschaft gegeben hätte? Wie wenn sich das unklare Rechtsgefühl der Contrahenten auch nur unbestimmte Vortheile von der Zusetzung der Reservatclausel verspräche? Wen sollte das wundern, nachdem doch in der Wissenschaft selbst die absonderlichsten Vorstellungen mit dem pactum verbunden wurden? — Wir können natürlich nicht mit Gewißheit behaupten, daß es sich so verhalte; allein was wir durch Leonhardt von der hannover'schen Praxis erfahren, und daß wir so vieles von ihr nicht erfahren, spricht sehr für unsere Vermuthung; denn es beweist, daß sich die besagte Praxis mit sehr geringer Rücksicht auf ihre eigenen Bedürfnisse entwickelt hat, und daß die auf unsicherer Grundlage entstandenen Rechtsverhältnisse, wenn sie in den Kampf gestellt würden, sich schlecht genug bewähren müßten. Man nehme nur folgenden Fall: nach Leonhardt's Zeugniß[35] steht fast auf jedem Gute ein Vorbehalt, und häufig finden sich auf ein und demselben Gute viele dergleichen, indem alle Verkäufer, durch deren Hand das Gut im Laufe der Zeit gegangen war, sich das Eigenthum reserviren; überdies hat jeder von diesen jeweiligen Eigenthümern das Recht, das Gut giltig mit Hypotheken zu belasten, wovon häufig Gebrauch gemacht wird. Wenn nun irgend ein unbefriedigter Pfandgläubiger sich an seine Hypothek halten will, und wir zum Ueberfluß etwa noch mit Leonhardt annehmen, daß der Eigenthumsrückfall erst durch die Insolvenz eintrete, wie steht es dann um das Recht des Pfandgläubigers und mit dem Recht der vielen Reserveeigenthümer? Es ist leichter, so einen juristischen Weichselzopf zu flechten als ihn aufzulösen.

[35] Leonhardt a. a. O. § 13.

VIII. Der Eigenthumsvorbehalt im römischen Recht.

Wir haben der Charakteristik des p. r. d. nichts mehr hinzuzufügen; seinen Inhalt bildet eine den Credit ausschließende Erklärung, welche nothwendig wird, wenn dem Käufer das Kaufobject zum Gebrauch übergeben wird, während das Eigenthum desselben erst im Momente der Zahlung auf ihn übergehen soll. Der Kaufvertrag ebenso wie die Tradition ist unbedingt, daher kann jede Partei den Erfüllungsaufschub kündigen und der Verkäufer kann bei Fälligkeit der Gegenleistung ohne weiteres die rei vindicatio anstellen; welche nur durch die Zahlung gehemmt werden kann. Der Kauf ist perfect, natürlich hat auch kein Theil ein Recht, einseitig von ihm zurückzutreten, und es steht beiden trotz der rei vindicatio die Kaufklage zu. Die Gefahr trägt der Käufer; dieser kann ferner die Sache nicht verpfänden, es sei denn auf den Fall hin, daß er sie erwirbt oder mit Zustimmung des Eigenthümers; kurz es gelten für diesen Kauf die bekannten römischen Rechtssätze über den unbedingten Kauf mit beiderseitigem Erfüllungsaufschub ohne jedwede Modification. Aus dem Gesagten leuchtet ein, daß wir den Eigenthumsvorbehalt nicht als dem römischen Rechte fremd ansehen können; im Gegentheile finden wir, daß von solchen Kaufgeschäften, welche zweifellos die gekennzeichnete reservatio dominii voraussetzen, die Quellen an mehreren Stellen sprechen[36].

---

[36] Diese Stellen citirt Glück Comm. XVI. S. 230. Anm. 45, 46 und 49, ohne zu bemerken, daß sie seiner und der herrschenden Auffassung des p. r. d. durchaus widersprechen; auch Duncker a. a. O. § 6 sucht sich mit ihnen abzufinden; Leonhardt a. a. O. § 1. Anm. 4 sagt: wenn gleich in diesen Stellen nicht entfernt vom p. r. d. die Rede ist, so bieten sie doch einiges Interesse dar, da das in ihnen beurtheilte Rechtsverhältniß mit unserem Falle einige Aehnlichkeit und Verwandtschaft hat." — Von Müller und anderen wurden sie ausdrücklich ver-

Den Fall der Vermiethung des gekauften Objects an den Käufer enthält l. 16. D. peric. et comm. r. v. (18,6)

Servi emtor, si eum conductum rogavit, donec pretium solveret, nihil per eum servum adquirere poterit, quoniam non videtur traditus is, cuius possessio per locationem retinetur a venditore. Periculum eius servi ad emtorem pertinet, quod tamen sine dolo venditoris intervenerit.

Eines ähnlichen Falles erwähnt l. 20. § 2 D. locati (19,2). Die Verpflichtung, den Miethlohn für die Zwischenzeit zu bezahlen, regelt l. 21. D. locati (19,2):

Cum venderem fundum, convenit, ut, donec pecunia omnis persolveretur, certa mercede emtor fundum conductum haberet: an soluta pecunia merces accepta fieri debeat? Respondit: bona fides exigit, ut, quod convenit, fiat; sed non amplius praestat is venditor, quam pro portione eius temporis, quo pecunia numerata non esset.

Hier ist deutlich gesagt, daß es sich um einen Miethlohn handle. Wenn man dagegen in Deutschland das zwischen Abschluß und Erfüllung des Kaufes eingeschobene Rechtsgeschäft als ein vollkommen selbständiges nicht erkannte, sondern der irrigen Meinung blieb, daß die Verpflichtung zur Gebrauchsgestattung gewissermaßen schon juristisch aus dem Kaufe folge — als ob dieser eine provisorische und eine definitive Erfüllung zuließe —, findet seine Erklärung wohl darin, daß die Benützung des Kaufobjectes häufig unentgeltlich gestattet worden sein mag, oder daß der Entgelt in einer ungewöhnlichen Form auftrat. Im Kaufcontract heißt es nach Leonhardt § 6 oft: „Der Verkäufer läßt das Kaufgeld auf dem Grundstücke gegen bestimmte Kündigung und Zinsen

---

worfen; das Haupthinderniß ihrer Anerkennung bestand darin, daß der Credit in ihnen deutlich ausgeschlossen ist.

sub p. r. d. stehen.“ Hier ist nach unserer Ansicht die Zinsenzahlung nicht der Entgelt für die Stundung des Kaufschillings, wie der Wortlaut besagt, sondern der Entgelt für die Nutzungen des Kaufobjectes, dessen Werth durch die Höhe des Kaufschillings bemessen ist[37]; denn es erscheint eben so wenig gerechtfertigt, daß der Käufer Zinsen für den Kaufpreis entrichtet, obwohl ihm kein Credit gewährt wurde, als andererseits kein Grund ersichtlich ist, weswegen ihm die Nutzungen unentgeltlich zugestanden worden sein sollten. Die Praxis ist einer solchen Verwechslung, welche die Verhältnisse zu vereinfachen scheint, sehr günstig; die Theorie aber muß dieselben aufdecken und braucht sich zu dem Zwecke nur an die angeführten Quellenstellen zu halten.

Die Ueberlassung des Gebrauchsrechtes an den Käufer kann auch precaristisch, mithin unentgeltlich erfolgen, in welchem Falle die Entscheidung der l. 20. D. de prec. (43,26) Platz greift:

> ea, quae distracta sunt, ut precario penes emtorem essent, quoad pretium universum persolveretur, si per emtorem stetit, quominus persolveretur, venditorem posse consequi.

Der Eigenthumsvorbehalt ist nunmehr in das römische Recht zurückgeführt[38]; er war demselben nicht unbekannt, er war nur unbenannt. Die Bezeichnung pactum für die

[37] Ebenso Leonhardt § 16: „in Ansehung der Früchte ist jedoch zu bemerken, daß fast immer unter den Contrahenten eine Verzinsung des creditirten Kaufgeldes verabredet wird, welche dann als ein Aequivalent für den Genuß der Sache anzusehen sein wird.“ — Ebenso Duncker § 6.

[38] Vgl. Duncker § 2 darüber, daß in der älteren von uns nicht berücksichtigten Literatur das p. r. d. häufiger als Suspensiv- oder Resolutivvertrag ohne jegliche Bedingung angesehen, und in den oben citirten Quellenstellen wieder erkannt wurde; darin liegt wohl ein Beweis, daß die von uns bekämpften Anschauungen sich erst im Laufe der Zeit aus denjenigen entwickelt haben, die wir wieder an ihre Stelle zu setzen im Vorliegenden bemüht waren.

reservatio dominii muß sogar für unrichtig erklärt werden; sie entstand erst in Deutschland und mag das ihrige zur unrichtigen Auffassung des Vorbehaltes beigetragen haben; von den Römern wäre sie sicherlich nicht gewählt worden, da pactum einen Nebenvertrag, pactum adjectum, zu bedeuten pflegt, während die reservatio dominii nur einen Erfüllungsmodus des Kaufes bezeichnet und ein wesentliches Moment des Hauptvertrags bildet.

Karlsruhe, Druck der G. Braun'schen Hofbuchdruckerei.

Löning, Rich. Die Rechtsfolgen der Vertragsverletzungen. I. Band: Der Vertragsbruch im deutschen Rechte; ca. 30—35 Bogen. 8.

Unter der Presse.

Vorstehendes Buch unternimmt es, die im heutigen öffentlichen und wissenschaftlichen Leben vielfach erörterte Frage, in welcher Weise von Rechtswegen gegen die Verletzung vertraglich übernommener Rechtspflichten einzuschreiten sei, vom streng juristischen Standpunkt aus zu untersuchen. Zu diesem Behufe war es erforderlich, eine eingehende Darstellung der historischen Entwicklung der Lehre, an welcher es in der juristischen Literatur bis jetzt vollständig mangelt, zu geben. Der vorliegende I. Band beschäftigt sich mit dem einheimischen deutschen Recht von den ältesten Zeiten bis zum Eindringen der fremden Rechte (16. Jahrhundert). Auf Grund eines umfangreichen Quellenmaterials wird versucht, die rechtlichen Grundsätze darzulegen, nach welchen im deutschen Alterthum, sowie im deutschen Mittelalter die Verletzungen der mannichfachen üblichen Vertragsarten, insbesondere auch des Arbeitsvertrags der Dienstboten und Gesellen behandelt wurden. Während die Behandlung von der Hereinziehung politischer und wirthschaftlicher Gesichtspunkte, sofern solche nicht durch die Quellen selbst an die Hand gegeben werden, absieht, ist dagegen durchweg das Augenmerk darauf gerichtet, diejenigen Momente, durch welche im Laufe der Entwicklung die Unterscheidung des strafbaren (kriminellen) und nicht strafbaren (civilen) Unrechtes bestimmt wird, festzustellen.

Ein Anhang beschäftigt sich mit einer eigenthümlichen Strafbestimmung in den ältesten deutschen Urkunden über Rechtsgeschäfte.

Ein folgender II. Band soll das römische Recht, die moderne Rechtsentwicklung, sowie den Versuch einer dogmatischen Darstellung der Lehre enthalten.

Karlsruhe, Druck der G. Braun'schen Hofbuchdruckerei.

FSC
www.fsc.org
MIX
Papier | Fördert gute Waldnutzung
FSC® C083411

Kolibri 360 GmbH
Ferdinand-Jühlke-Straße 7
99095 Erfurt, Deutschland
produktsicherheit@kolibri360.de

Kolibri 360 GmbH
Ferdinand-Jühlke-Straße 7
99095 Erfurt, Deutschland
produktsicherheit@kolibri360.de